NOUVELLE-CALÉDONIE ET DÉPENDANCES

ARRÊTÉ

SUR LES

DÉLIBÉRATIONS DU CONSEIL GÉNÉRAL

SUR L'ENREGISTREMENT

(Du 12 février 1886)

NOUMEA

IMPRIMERIE NOUMÉENNE

1886

DÉLIBÉRATIONS DU CONSEIL GÉNÉRAL

SUR L'ENREGISTREMENT

(Du 12 février 1886)

Nous Gouverneur de la Nouvelle-Calédonie et dépendances.

Vu les délibérations du Conseil général, relatives à une nouvelle législation sur l'Enregistrement ;

Vu le Décret du 30 janvier 1867 relatif aux pouvoirs accordés aux Gouverneurs et Commandants de colonies en matières de taxes et de contributions ;

Vu l'article 44 du décret du 2 avril 1885 portant création d'un Conseil général en Nouvelle-Calédonie ;

Vu l'urgence :

Sur la proposition du Directeur de l'Intérieur,
Le Conseil privé entendu :

Avons arrêté et arrêtons

TITRE 1er

De l'Enregistrement, des droits et de leur application

Art. 1er. A dater du premier mars 1886, les droits d'enregistrement seront perçus à la Nouvelle-Calédonie et ses dépendances, d'après les bases et suivant les règles déterminées ci-après :

Art. 2. Les droits d'enregistrement sont *fixes* ou *proportionnels*, suivant la nature des actes et mutations qui y sont assujettis.

La perception de ces droits est réglée d'après la forme extérieure des actes, ou la substance de leurs dispositions, sans égard à leur validité, ni aux causes quelconques de résolution ou d'annulation ultérieures, sauf les exceptions prévues par le présent arrêté.

Art. 3. *Le droit fixe* s'applique aux actes, soit civils, soit judiciaires, soit extrajudiciaires, qui ne contiennent *ni obligation, ni libération, ni condamnation, attribution, collocation ou liquidation de sommes et valeurs, ni transmission de propriété, d'usufruit ou de jouissance de biens meubles ou immeubles.*

Art. 4. *Le droit proportionnel* est établi pour les obligations, libérations, condamnations, attributions, collocations ou liquidations de sommes et valeurs, et pour toute transmission de propriété, d'usufruit ou de jouissance de biens meubles ou immeubles autrement que par décès.

Il est assis sur les valeurs; ses quotités sont fixées par l'article 69 ci-après.

La perception suit les sommes de vingt francs en vingt francs, inclusivement, et sans fraction. Il n'y a point de fractions de centimes dans la liquidation du droit proportionnel; lorsqu'une somme ne produit pas un centime de droit, ce centime est perçu au profit du Trésor, sans que, dans aucun cas, ce droit puisse être au-dessous de *vingt-cinq centimes.*

Art. 5. Tous les actes civils et extrajudiciaires seront enregistrés sur les minutes, brevets ou originaux.

Art. 6. Il en est de même pour les actes judiciaires de toute nature, sauf ceux qui seront exemptés de l'enregistrement par l'article 70 ci-après.

Art. 7. Les actes des Administrations et des Etablissements publics qui sont soumis à l'Enregistrement sur la minute sont :

1° les actes translatifs de propriété, d'usufruit ou de jouissance de biens meubles et immeubles;

2° les traités et marchés de toute nature, à prix convenu, aux enchères, au rabais ou par soumission;

3° les cautionnements et renforts de caution y relatifs ;

4° Les prestations de serment des employés et comptables salariés, pour entrer en fonctions;

5° les procès-verbaux d'apposition, de reconnaissance et de levée de scellés par des fonctionnaires de l'ordre administratif ;

6° les procès-verbaux de sauvetage de navires naufragés et les déclarations des capitaines, dressées par les officiers d'administration de la marine.

Sont exceptés de cette disposition les actes de reconnaissance d'enfant naturel devant un officier de l'Etat civil, lesquels seront soumis à la formalité sur l'expédition.

Art. 8. Il n'est dû aucun droit d'enregistrement pour les extraits, copies ou expéditions des actes dont les minutes ont dû être enregistrées; les extraits et copies collationnés en sont seuls passibles.

Art. 9. Dans le cas de transmission de biens, la quittance donnée ou l'obligation consentie par le même acte, pour tout ou partie du prix entre les contractants, ne peut être sujette à un droit particulier d'enregistrement.

La quittance du prix de vente insérée dans une déclaration de Command, n'est pareillement sujette à aucun droit particulier.

Il en est de même si le prix est payé par la remise de billets souscrits par l'acquéreur et sans l'intervention d'un tiers.

Toutefois la donation ou la remise d'une partie du prix par le vendeur à l'acquéreur, doit le droit qui lui est propre, quoique stipulée dans le même acte.

Art. 10. Lorsque dans un acte quelconque, soit civil, soit judiciaire ou extrajudiciaire, il y a plusieurs dispositions indépendantes ou ne dérivant pas nécessairement les unes des autres, il est dû, pour chacune d'elles, et selon son espèce, un droit particulier.

Il est également dû plusieurs droits lorsqu'une seule disposition concerne plusieurs personnes ayant des intérêts distincts et indépendants les uns des autres.

La quotité des divers droits est déterminée par l'article du présent arrêté dans lequel la disposition se trouve classée, ou auquel elle se rapporte.

S'il n'y a lieu qu'à un seul droit, il doit être établi sur la disposition principale, et non sur celle qui en dérive et qui n'en est que l'accessoire.

Art. 11. Les biens immeubles par leur destination ou par l'objet auquel ils s'appliquent, sont assujettis aux mêmes droits que les immeubles par nature, lorsque dans la disposition qui donne lieu aux droits ils sont confondus avec les immeubles par nature dont ils dépendent. Dans le cas contraire, ils sont considérés comme meubles et il en est ainsi particulièrement des constructions qui sont l'objet de mutations en dehors du sol sur lequel elles se trouvent et alors qu'elles appartiennent à un autre propriétaire que celui du sol.

Art. 12. Lorsqu'un acte de vente comprend des meubles et des immeubles, le droit d'enregistrement est perçu sur la totalité du prix, au taux réglé pour les immeubles, à moins qu'il ne soit stipulé un prix particulier pour les objets mobiliers et que ces objets ne soient détaillés et estimés, article par article, dans le contrat, ou par un état y annexé, ou par un inventaire antérieur constatant ce détail et rappelé dans l'acte.

Art. 13. La mutation d'un immeuble en propriété ou en usufruit à titre onéreux sera suffisamment établie pour la demande du droit d'enregistrement et la poursuite du paiement contre le nouveau possesseur, soit par l'inscription de son nom au rôle de la contribution foncière et des paiements par lui faits d'après ce rôle, soit par des baux par lui passés, ou enfin par des transactions ou tous autres actes constatant sa propriété ou son usufruit.

A défaut d'acte, ou lorsque les nouveaux possesseurs prétendront qu'il n'existe pas de conventions écrites entre eux et les précédents propriétaires ou usufruitiers, il y sera suppléé par des déclarations détaillées et estimatives dans les trois mois de l'entrée en jouissance ou en possession.

Art. 14. La jouissance à titre de fermé, de location ou d'engagement d'un immeuble, est aussi suffisamment établie pour la demande et la poursuite du paiement des droits, des baux ou engagements non enregistrés, par les actes qui la font connaître, ou par des paiements de contributions imposées aux fermiers, locataires et détenteurs temporaires, sans que la présente disposition s'applique aux baux par conventions verbales ou par tacite reconduction.

Art. 15. Les actes passés en pays étranger, ou dans les colonies françaises où l'enregistrement n'est pas établi, quel que soit leur objet, et les actes passés dans la Nouvelle-Calédonie et ses dépendances et relatifs à des droits, actions ou bien meubles, situés dans des pays étrangers ou dans les colonies françaises où l'enregitrement n'est pas établi, paieront les mêmes droits que les actes de même nature passés dans la colonie de la Nouvelle-Calédonie pour les biens qui y seraient situés.

Sont seuls exemptés de ces dispositions les actes translatifs de propriété, d'usufruit ou de jouissance de biens immeubles situés en pays étrangers ou dans les colonies françaises dans lesquelles l'enregistrement n'est pas établi, qui ne paieront qu'un droit fixe.

Les actes qui ne seraient pas rédigés en langue française ne seront enregistrés que sur traduction faite par un interprète assermenté.

TITRE II.

DES VALEURS ET DES BASES SUR LESQUELLES LE DROIT PROPORTIONNEL EST ASSIS, ET DE L'EXPERTISE.

Art. 16. La valeur de la propriété, de l'usufruit et de la jouissance des biens meubles est déterminée, pour la liquidation et le paiement du droit proportionnel, ainsi qu'il suit, savoir :

1° Pour les baux et locations, les sous-baux , cessions,

subrogations et résiliations de baux, par le total du prix et des charges de toutes les années du terme le plus long auquel la jouissance puisse s'étendre, pourvu que la durée du bail soit limitée ;

2° Pour les créances à terme et autres actes obligatoires, par le capital exprimé dans l'acte et qui en fait l'objet, sans y comprendre les intérêts à écheoir ni aucune somme réunie au capital et qui ne serait que la représentation de ces intérêts;

3° Pour les cessions de créances ou d'autres actes obligatoires, par le prix de la cession exprimé dans l'acte ;

Les délégations de prix dans les contrats ne donnent ouverture à aucun droit particulier, même quand le débiteur intervient à l'acte;

4° Pour les quitances et tous autres actes de libération, par le total des sommes ou capitaux dont le débiteur demeure libéré, ou dont la remise se trouve consentie par le créancier, excepté par acte de concordat après faillite.

Quant aux intérêts échus, le droit n'est dù que sur leur paiement ou leur remise, reconnus par les parties.

Lorsque, dans un compte de mandataire ou de tuteur, une des parties qui, par l'effet de l'arrêté de compte, est constituée reliquataire se dessaisit incontinent, le droit de décharge est seul exigible. Si le compte n'est pas entièrement soldé, le droit proportionnel est dù sur le reliquat.

Quand les recettes et les dépenses se balancent respectivement et que l'arrêté de compte ne constate que la décharge du rendant, il n'y a lieu de percevoir qu'un droit fixe;

5 Pour les marchés et traités à durée limitée, par les prix exprimés ou par l'évaluation qui sera faite des objets qui en seront susceptibles Pour les marchés et traités à durée illimitée, à raison d'un capital formé de huit fois la somme annuelle ;

6° Pour les ventes et autres transmissions à titre onéreux, par le prix exprimé et le capital des charges qui peuvent ajouter au prix, ainsi que le capital des rentes dont le service est imposé à l'acquéreur;

7° Pour les créations de rentes, soit perpétuelles, soit viagères, ou de pensions aussi à titre onéreux, par le capital constitué et aliéné;

8° Pour les cessions, transports ou délégations des dites rentes ou pensions et pour leur amortissement ou rachat, par le prix stipulé pour le transport, la délégation ou l'amortissement ;

9° Pour les rentes et pensions créées sans expression de capital, pour les baux à vie et ceux à durée illimitée, à raison d'un capital formé de huit fois la rente perpétuelle et de quatre fois la rente viagère;

10° Pour les cessions, transports, délégations et amortissements des dites rentes et pensions, par le prix stipulé pour la cession, le transport, la délégation ou l'amortissement;

Il ne sera fait aucune distinction entre les rentes viagères et pensions créées sur une tête et celles créées sur plusieurs têtes, quant à l'évaluation.

Les rentes et pensions stipulées payables en nature seront évaluées aux mêmes capitaux, estimation préalablement faite des objets, d'après le taux commun résultant des mercuriales ou parères des trois dernières années à la date de l'acte, pour la commune ou la circonscription municipale de la situation des biens, s'il s'agit d'une rente créée pour l'aliénation d'immeubles; ou, dans tout autre cas, d'après le prix moyen des mercuriales ou parères des trois denières années du lieu où l'acte aura été passé;

Il sera rapporté, à l'appui de l'acte, un extrait certifié des mercuriales, ou un parère signé par trois négociants patentés ou par trois propriétaires, suivant la nature de l'objet à estimer;

S'il est question d'objets dont le prix ne puisse être réglé de la sorte, les parties en feront une déclaration estimative.

11° Pour les transmissions entre vifs, à titre gratuit, par la déclaration estimative des parties, sans distraction des charges;

12° Pour les transmissions d'usufruit à titre gratuit, par la moitié de la valeur entière de l'objet.

Art. 17. La valeur de la propriété, de l'usufruit et de la jouissance des immeubles est déterminée pour la liquidation et le paiement du droit proportionnel, ainsi qu'il suit, savoir :

1° Pour les baux à ferme et à loyer, les sous-baux, cessions, subrogations et résiliations de baux, par le total formé du prix et des charges de toutes les années du terme le plus long auquel la jouissance puisse s'étendre, pourvu que la durée du bail soit limitée.

Si le prix et les charges sont stipulés payables en nature, il en sera fait une évaluation d'après le taux moyen des mercuriales ou parères des trois dernières années à la date de l'acte pour la commune ou circonscription municipale où sont situés les biens; et il sera produit un extrait certifié des dites mercuriales, ou un parère signé par trois négociants patentés ou trois propriétaires suivant la nature des objets à estimer.

Il en sera de même des baux à portions de fruits, pour la part revenant au bailleur, dont la quotité sera préalablement déclarée, et sur la valeur de laquelle le droit d'enregistrement sera perçu.

S'il s'agit d'objets dont la valeur ne puisse être constatée par les mercuriales ou parères, les parties en feront une déclaration estimative.

2°. Pour les baux à rente perpétuelle et ceux dont la durée est illimitée, par un capital formé de quatre fois la rente ou le prix annuel, et les charges en capital et les charges aussi annuelles, en y ajoutant également les autres charges en capital et les deniers d'entrée, s'il en est stipulé.

Les objets en nature s'évaluent comme ci-dessus.

3° Pour les baux à vie, sans distinction de ceux faits sur une ou plusieurs têtes, par un capital formé de neuf fois le prix et les charges annuelles, en y ajoutant de même le montant des deniers d'entrée et des autres charges, s'il s'en trouve d'exprimées.

Les objets en nature s'évaluent pareillement comme il est prescrit ci-dessus.

4° Pour les échanges, par le revenu constaté par les baux courants, à la date de l'acte, et, à défaut, par une évaluation qui doit être faite en capital, d'après le revenu multiplié par huit, le tout sans distraction des charges.

5° Pour les engagements ou antichrèses, par les prix et sommes pour lesquels ils sont faits.

6° Pour les ventes, adjudications, cessions, rétrocessions, résiliations, licitations et tous autres actes portant transmission de propriété ou d'usufruit à titre onéreux, par le prix exprimé, en y ajoutant toutes les charges et les rentes en capital dont le service est imposé à l'acquéreur, ou par une estimation d'experts, ainsi qu'il est prescrit aux articles 22 et 23 ci-après.

Si le prix exprimé comprend les frais du contrat et des intérêts à écheoir postérieurement au trimestre de l'entrée en jouissance de l'acquéreur, il en sera fait déduction pour ne percevoir le droit que sur le capital seul revenant au vendeur.

Dans le cas où la fixation du prix est laissée à l'arbitrage d'un tiers, la déclaration de la valeur devra être faite au pied de l'acte par les parties, conformément à l'article 21 ci-après.

La réserve de jouissance pour un temps quelconque postérieur au paiement du prix de l'aliénation doit être regardée comme une charge dont il faut cumuler l'évaluation en capital avec le prix estimé dans le contrat, excepté quand cette réserve n'a pour objet que le terme courant, lors de la vente, des revenus à écheoir.

Le contrat aléatoire entre des acquéreurs qui ont contribué au prix, même par portions inégales, et par lequel la totalité de l'acquisition doit appartenir au survivant, ne donne lieu à aucun droit particulier sur le contrat, ni à l'événement.

7° Pour les ventes de nues-propriétés, même celles qui sont faites par le même acte que la vente de l'usufruit à une autre personne, par tout ce qui forme le prix de la nue-propriété.

Lorsque l'usufruitier réunira la nue-propriété à son usufruit ou réciproquement, le droit sera dû sur le prix de la chose ainsi acquise.

8° Pour les transmissions entre-vifs et à titre gratuit, de propriétés entières ou de nues-propriétés, par le prix des baux courants, à l'époque de la mutation ; et à défaut de baux, par l'évaluation qui sera faite du revenu, et portée à huit fois le produit des biens, sans distraction des dettes ni charges quelconques.

9° Pour les transmissions d'usufruit seulement entre-vifs à titre gratuit, par le prix des baux courants à l'époque de la donation ; ou, à défaut de baux, par l'évalution du revenu qui sera portée à quatre fois le produit des biens, aussi sans distraction des dettes ni charges.

Art. 18 Les droits de mutation des actes qualifiés par les parties, donations entre vifs, ne sont exigibles que lorsque ces donations sont acceptées, ou sur l'acte postérieur qui constate cette acceptation ; et les règles générales ci-après énoncées seront suivies pour la liquidation de ces droits :

1° Il ne sera fait aucune distinction entre les donations à titre gratuit et celles à titre onéreux ou à titre de partage anticipé ;

2° Les réserves de l'article 946 du Code civil doivent être déduites des biens donnés, pour ne percevoir les droits que sur le surplus ;

3° Les droits devant être perçus sur l'intégralité des biens compris dans la donation, il n'en sera dû aucun pour les sommes d'argent que le donataire pourrait être chargé de payer à des tiers à titre de libéralité ;

4° Toutes les donations consenties par contrat de mariage ne paieront que la moitié des droits fixés par les différents paragraphes dans lesquels elles se trouvent classées ; — la même réduction aura lieu pour l'acte de délivrance d'immeubles en nature, et en tenant compte de ceux déjà perçus comme donation mobilière, lorsque le contrat aura réservé aux futurs et aux donateurs la faculté d'acquitter ultérieurement la dot en meubles ou en immeubles ;

5° Le paiement de la dot promis ou effectué par un autre que le donateur donne ouverture au droit d'obligation, indépendamment de celui de la donation ; ou à celui de cession, si ce paiement a pour objet de remplir le donataire de ses droits dans des biens indivis.

Art. 19. Le droit d'enregistrement sur les transactions sera réglé selon la nature des droits apparents et l'état de possession des parties, au moment de l'acte, et sans égard a leurs droits réels, dont l'appréciation n'appartient souverainement qu'aux tribunaux.

Art 20. Pour liquider les droits des soultes de partage à payer par un lot comprenant des biens de diverses natures, la soulte s'imputera d'abord sur les rentes sur l'Etat, et successivement sur les biens soumis à la moindre perception, en finissant par la plus élevée ; à moins que des imputations spéciales de la soulte ne soient déterminées dans l'acte.

Seront considérées comme soultes les portions de dettes et charges que l'un des co-partageants supporterait au-delà de sa portion virile au moyen d'une augmentation donnée à son lot, ainsi que les biens abandonnés pour le remplir de ses créances personnelles contre le défunt, sous la déduction toutefois de sa portion virile dans la succession. Il en sera de même pour les biens employés dans la formation des lots et qui seraient pris hors de la masse à partager; mais l'usufruit et la nue propriété du même bien de la masse attribués à deux lots différents ne produiront pas de soulte.

Art. 21. Si les sommes et valeurs, ainsi que les dettes et charges, ne sont pas déterminées dans un acte ou un jugement donnant lieu au droit proportionnel, les parties seront tenues d'y suppléer, avant l'enregistrement, par une déclaration estimative affirmée véritable et signée au pied de l'acte.

Art 22. Lorsque, dans un acte translatif de propriété, d'usufruit ou de jouissance de biens immeubles, le prix réuni aux charges paraîtra inférieur à leur valeur vénale à l'époque de l'aliénation, par comparaison avec les fonds voisins de même nature, le Receveur de l'enregistrement pourra requérir une expertise, pourvu qu'il en fasse la demande dans l'année, à compter du jour de l'enregistrement du contrat ou de la déclaration.

Art. 23. Il y aura lieu également à requérir l'expertise des revenus dans tous les cas où ils doivent servir de base au droit de mutation des immeubles transmis en propriété, usufruit ou jouissance, lorsque l'insuffisance ne pourra être établie par des baux, et à leur défaut, par d'autres actes qui puissent faire connaître le véritable revenu des biens.

La demande devra être faite dans les deux ans, à compter du jour de l'enregistrement de l'acte de mutation ou de la déclaration qui en tiendra lieu.

TITRE III

DES DÉLAIS POUR L'ENREGISTREMENT DES ACTES ET DÉCLARATIONS

Art. 24. Les délais pour faire enregistrer les actes publics sont, savoir :

1° POUR LES ACTES DES HUISSIERS ET AUTRES AYANT POUVOIR DE FAIRE DES EXPLOITS ET PROCÈS-VERBAUX :

1° De quatre jours, pour les actes faits dans la commune de Nouméa ;

2° De huit jours, pour ceux faits en dehors de ladite commune, dans l'étendue du premier arrondissement, île des Pins et îles Loyalty non comprises;

3° de quarante jours, pour ceux faits dans les quatre autres arrondissements;

4° de deux mois, pour l'île des Pins, les Loyalty et autres dépendances ;

2° POUR LES ACTES DE NOTAIRES :

1° De dix jours, pour les actes passés dans la commune de Nouméa ;

2° De quinze jours, pour les actes passés en dehors de cette commune et dans l'étendue du premier arrondissement, île des Pins et îles Loyalty non comprises ;

3° De quarante jours, pour ceux passés dans les quatre autres arrondissements;

4° De deux mois pour l'île des Pins, les Loyalty et toutes les autres dépendances.

Lorsque, toutes les parties n'ayant pu signer le même jour, les actes des notaires porteront plusieurs dates, les délais ci-dessus ne courront que la dernière date de l'acte.

3° POUR LES ACTES JUDICIAIRES, TANT CEUX RÉDIGÉS EN MINUTE QUE CEUX DONT IL NE RESTE PAS DE MINUTE ET QUI SE DÉLIVRENT EN BREVET :

1° De quinze jours lorsque ces actes seront faits dans la commune de Nouméa ;

2° De quarante jours dans le reste de la colonie sauf les îles Loyalty et l'île des Pins, pour lesquelles le délai sera de deux mois ;

Il en sera de même pour les adjudications de bien meubles et immeubles, quoique frappées d'appel, de surenchère ou folle enchère, et pour les jugements des arbitres, à partir de leur acte de dépôt.

Sont exceptés les actes ci-après nommés, qui pourront n'être enregistrés que lorsque les parties en demanderont l'expédition, et avant qu'ils puissent être délivrés, savoir :

Les jugements de remise de cause autres que ceux qui ont pour objet des productions de pièces, des preuves ou des comparutions ordonnées, les radiations de causes autres que celles dont les frais demeurent à la charge des défenseurs ; les nominations des juges rapporteurs, et les mentions d'opposition à jugement faites au greffe sur le registre à ce destiné ; les jugements de nomination d'un nouveau juge commissaire pour l'empêchement d'un juge précédemment nommé par un jugement enregistré ; et généralement tous les actes et jugements n'ayant pour objet que l'ordre intérieur des tribunaux, pourvu que ces actes ne soient pas mentionnés dans d'autres actes soumis à l'enregistrement, conformément aux règles ordinaires.

Sont encore exceptés dudit délai, les procès-verbaux d'ordres et de contributions arrêtés définitivement par le juge commissaire, pourvu toutefois qu'ils soient enregistrés avant la délivrance d'aucun mandement ou bordereau.

4° Pour les actes des administrations et établissements publics assujettis a l'enregistrement par l'article 7 ci-dessus :

1° De vingt jours pour ceux de ces actes passés dans la commune de Nouméa ;.

2° De quarante jours pour les actes passés dans le reste de la colonie, sauf l'île des Pins et les îles Loyalty, pour lesquelles le délai sera de deux mois.

A l'égard de ceux de ces actes qui ne doivent avoir d'exécution qu'après avoir été approuvés par l'autorité supérieure, le délai ne courra que du jour de l'approbation.

Art.25. Si dans les cas prévus par l'article 68 ci-après, un acte contient plusieurs vacations de différentes dates, chaque vacation sera enregistrée dans son délai.

Art. 26. Les testaments reçus par les notaires, ou déposés chez eux par les testateurs, seront enregistrés dans les trois mois du décès des testateurs, à la diligence des héritiers, donataires, légataires ou exécuteurs testamentaires. Il en sera de même des actes de suscription des testaments mystiques dressés par les notaires.

Art. 27. Les actes qui seront faits sous signature privée et qui contiendront transmission de propriété ou d'usufruit de biens immeubles et les baux à ferme et à loyer, sous-baux, résiliations, cessions et subrogations de baux, et les engagements ou antichrèses aussi sous seing privé de biens de même nature, seront enregistrés dans les trois mois de leur date.

Les obligations contractées sous une condition suspensive exprimée dans l'acte devront également acquitter le droit proportionnel dans les trois mois de l'accomplissement de l'événement ; à défaut d'acte public constatant le fait, la partie tenue du paiement des droits par l'article 34 sera obligée d'en faire la déclaration au bureau où l'acte aura été enregistré provisoirement au droit fixe.

La déclaration prescrite par les articles 13 et 14 ci-dessus pour les transmissions par conventions verbales, devra être faite dans les trois mois de l'entrée en possession de droit, selon les articles 1583 et 1589 du Code civil, ou de l'entrée en jouissance.

A l'égard des transmissions de propriété, d'usufruit ou de jouissance de biens situés dans la colonie, en vertu d'actes rédigés hors du territoire de la Nouvelle-Calédonie, le délai pour l'enregistrement sera de neuf mois.

Art. 28. Il n'y a point de délai de rigueur pour l'enregistrement de tous autres actes que ceux mentionnés dans l'article précédent, qui seront faits sous signature privée, ou passés en pays étranger, et dans les îles ou colonies françaises où l'enregistrement n'aurait pas encore été établi, mais il ne pourra en être fait aucun usage, par acte public, ou devant toute autre autorité constituée, qu'ils n'aient été préalablement enregistrés; toutefois, mention pourra être faite des dits actes dans des actes sous-seing privé ou en justice sans qu'il y ait lieu d'en exiger les droits, pourvu que les actes mentionnés ne soient pas de l'espèce de ceux désignés dans l'article précédent.

Ces dispositions ne s'appliquent pas aux actes produits devant le Conseil privé, lesquels sont dispensés, pour cet usage, de l'enregistrement; mais elles sont applicables lorsque ce Conseil juge en matière de contentieux administratif.

Art. 29. Dans les délais fixés par les articles précédents pour enregistrement, le jour de la date de l'acte ne sera pas compté.

Si le dernier jour du délai se trouve être un dimanche ou un jour de fête légale, ce jour-là ne sera pas compté non plus.

TITRE IV

DES BUREAUX OU LES ACTES DOIVENT ÊTRE ENREGISTRÉS.

Art. 30. Jusqu'à ce qu'il en ait été autrement ordonné, le bureau de l'enregistrement pour toute la colonie est établi à Nouméa.

C'est dans ce bureau que les actes devront être présentés à la formalité et que les déclarations seront reçues pour tous les meubles et immeubles situés dans la colonie.

TITRE V

DU PAIEMENT DES DROITS ET DE CEUX QUI DOIVENT
LES ACQUITTER.

Art. 31. Les droits des actes seront payés avant l'enregistrement, au taux et suivant la quotité réglés par le présent arrêté.

Nul ne pourra en atténuer ou en différer le paiement, sous prétexte de contestations sur la quotité du droit, lors même que ces contestations seraient portées devant les tribunaux, ni pour quelque autre motif que ce soit, sauf à se pourvoir en restitution, s'il y a lieu.

Art. 32. Les droits des actes à enregistrer seront acquittés, savoir :

1° Par les notaires, pour les actes passés devant eux;

2° Par les huissiers et autres ayant pouvoir de faire des exploits et procès-verbaux, pour ceux de leur ministère;

3° Par les greffiers, pour les actes faits et rédigés par eux

ou dont il est conservé minute au greffe, et pour les jugements rendus à l'audience (sauf le cas prévu par l'article 37
ci-après) ;

4° Par les officiers et secrétaires d'administrations et
autres établissements publics, pour les actes de ces administrations et établissements qui sont soumis à la formalité
de l'enregistrement (sauf aussi le cas prévu par l'article 37
ci-après) ;

5° Par les parties, pour les actes sous signatures privées,
et ceux passés ailleurs que dans la colonie ; pour les ordonnances sur requête ou autrement dont il n'est pas conservé minute au greffe ; pour les certificats qui leur sont
immédiatement délivrés par les juges ; et pour les actes et
décisions qu'elles obtiennent des arbitres, si ceux-ci ne les
ont pas fait enregistrer.

Art. 33. Le paiement des droits est indivisible comme la
formalité ; en conséquence, lorsqu'il y a plusieurs droits à
percevoir à raison d'un même acte, on ne peut acquitter
ceux d'une disposition et laisser en suspens ceux des autres;
la totalité des droits doit être acquittée par les officiers publics ci-dessus désignés et par les parties qui requièrent
l'enregistrement ou qui sont tenues de faire enregistrer les
actes, sauf leur recours contre qui de droit.

Les officiers publics qui, aux termes des dispositions
précédentes, auraient fait, pour les parties, l'avance des
droits d'enregistrement, pourront prendre exécutoire du
Président du tribunal civil de Nouméa, conformément aux
dispositions des articles 3 et 4 de la loi du 5 août 1881.

Art. 34. Les droits des actes civils et judiciaires empor-
tant obligation, libération ou transmission de propriété,
d'usufruit ou de jouissance de meubles ou immeubles, et
en général les droits de tous actes, seront acquittés et supportés par les débiteurs et les nouveaux possesseurs, ou
par les parties auxquelles ces actes profiteront, lorsque,
dans ces divers cas, il n'aura pas été stipulé de dispositions
contraires dans les actes.

L'Administration aura, pour le paiement des droits
d'enregistrement, le même privilége que les contributions
directes.

TITRE VI

DES PEINES POUR DÉFAUT D'ENREGISTREMENT DES ACTES
ET DÉCLARATIONS DANS LES DÉLAIS, ET DE CELLES
PORTÉES RELATIVEMENT AUX OMISSIONS, AUX FAUSSES
ESTIMATIONS ET AUX CONTRE-LETTRES.

Art. 35. Les notaires et les huissiers ou autres rédac-
teurs de procès verbaux et d'exploits qui n'auront pas fait
enregistrer leurs actes dans les délais prescrits paieront

personnellement, à titre d'amende, et pour chaque contravention, une somme égale au montant du droit.

Ils seront tenus en outre du paiement des droits, sauf leur recours contre les parties pour ces droits seulement.

Art. 36. Les greffiers qui auront négligé de soumettre à l'enregistrement, dans les délais prescrits, les actes qu'ils sont tenus de présenter à cette formalité, paieront personnellement, à titre d'amende, et pour chaque contravention, une somme égale au montant du droit ; ils acquiteront en même temps le droit simple, sauf leur recours contre la partie, pour ce droit seulement.

Les dispositions du présent article s'appliquent également aux officiers publics et secrétaires des administrations et établissements publics, pour chacun des actes qu'il leur est prescrit de faire enregistrer, s'ils ne les ont pas soumis à l'enregistrement dans le délai.

Art. 37. Sont néanmoins exceptés des dispositions de l'article précédent les jugements rendus à l'audience publique et les actes d'adjudication passés par des administrations en séance publique lorsque les parties n'auront pas, dans le délai prescrit pour l'enregistrement, consigné le montant des droits aux mains des greffiers ou officiers et secrétaires des administrations et établissements publics. Dans ce cas, le recouvrement en sera poursuivi contre les parties par le receveur ; et elles supporteront en outre la peine du droit en sus.

Pour cet effet, les greffiers et secrétaires fourniront au receveur, dans les dix jours qui suivront l'expiration du délai, des extraits par eux certifiés des actes et jugements dont les droits ne leur auront pas été remis par les parties : à peine d'une amende de 5 francs pour chaque dizaine de retard, et pour chaque acte et jugement, et d'être en outre personellement contraints au paiement des doubles droits.

Art. 38. Les actes sous signature privée de la nature de ceux désignés par l'article ci-dessus qui n'auraient pas été enregistrés dans les délais déterminés, seront passibles du double droit d'enregistrement.

Il en sera de même pour les conventions soumises à une condition surspensive et à l'égard des mutations qui s'opèrent au profit des veuves et héritiers adjudicataires par licitation, après les délais et dans les cas prévus ci-dessus.

Art. 39. Les mutations entre-vifs par conventions verbales dans les cas désignés au même article, seront passibles du droit en sus, lorsque la déclaration n'en aura pas été faite dans les trois mois de l'entrée en jouissance ou dans les trois mois du jour où la propriété est acquise de droit, aux termes des articles 1583 et 1589 du code civil.

Le double droit est également perçu sur tout acte duquel il résulterait que la propriété a été acquise de droit, par transmission onéreuse ou gratuite autrement que par décès, ou que l'entrée en possession (autrement que par décés) a eu lieu depuis plus de trois mois.

Il y aura lieu aussi de poursuivre le recouvrement du double droit, lors même que l'acte de mutation aurait été enregistré, s'il est reconnu ultérieurement que la propriété était acquise de droit, ou que l'entrée en possession avait eu lieu plus de trois mois avant la date du dit acte.

ART. 40. L'insuffisance constatée par expertise ou autrement ne donnera lieu à la perception que du droit simple de mutation sur la somme constatée par les experts et excédant la somme portée dans l'acte ou la déclaration.

Toute dissimulation dans le prix d'une vente d'immeubles ou dans la soulte d'un échange ou d'un partage de biens immobiliers sera punie d'une amende égale au quart de la somme dissimulée, et payée solidairement par les parties, sauf à la répartir ultérieurement entre elles par égales parts

Cette pénalité sera appliquée aux contre-lettres toutes les fois qu'elles constateront dissimulation dans les cas spécifiés ci-dessus.

En tout autre cas, le double droit sera exigible.

La dissimulation peut être établie par tous les genres de preuves admises par le droit commun. Toutefois, l'Administration ne peut déférer le serment décisoire et elle ne peut user de la preuve testimoniale que pendant dix ans à partir de l'enregistrement de l'acte.

Au sujet des jugements et arrêts, les règles ci-après devront être suivies :

Toutes les dispositions ci-dessus relatives aux mutations de biens immeubles seront applicables. Mais les droits de titre résultant des condamnations ne devront pas être perçus, hors ces cas spéciaux de mutations immobilières.

Cependant, quand les demandes résulteront d'actes ou d'écrits produits en cours d'instance, les droits devront être perçus sur ces pièces, sans pénalité, à moins qu'il ne s'agisse de transmission de propriété, d'usufruit ou de jouissance d'immeuble.

Les hussiers qui agiront en vertu de titres ou de pièces écrites devront les joindre à leurs exploits pour l'enregistrement, sous peine d'une amende de cinq francs par contravention, sans préjudice des dispositions relatées à l'article 42 ci-après.

TITRE VII

DES OBLIGATIONS DES NOTAIRES, GREFFIERS, HUISSIERS, OFFICIERS PUBLICS ET SECRÉTAIRES DES ADMINISTRATIONS ET DES ÉTABLISSEMENTS PUBLICS, DES JUGES, ARBITRES ET FONCTIONNAIRES, ET DES PARTIES.

ART. 41. Les notaires, greffiers et hussiers, ainsi que

les officiers et secrétaires des administrations ou établissements publics ne pourront délivrer en brevet, copie ou expédition, même par simple extrait, aucun acte soumis à l'enregistrement sur la minute ou l'original, ni faire aucun autre acte en conséquence, avant qu'il ait été enregistré, quand même le délai pour l'enregistrement ne serait pas encore expiré, à peine de dix francs d'amende, outre le payement du droit.

Sont exceptés :

1° Les actes suivants, qui peut être enregistrés, savoir :

Les ordonnances sur requête ou autres, avec l'acte auquel elles sont jointes. Les jugements de paix qui pourront être rendus en vertu de cédule, pour abréger les délais, principalement pour les justices de paix de l'intérieur. Le consentement des parties à être jugées par le juge de paix hors des limites de sa compétence ; ce consentement pourra n'être enregistré qu'avec le jugement.

2° Les actes suivants, qui pourront être faits, savoir :

Les déclarations de command, avant l'enregistrement de l'acte de nomination du subrogé-tuteur. L'acte de surenchère, avant l'enregistrement du jugement d'adjudication. Les actes d'appel, ou de recours en cassation par le défendeur seulement, avant l'enregistrement du jugement attaqué. Les exploits et autres actes de cette nature qui se signifient à partie ou par affiches, avant l'enregistrement des exploits antérieurs.

3° Les actes qu'un même officier public aurait reçus, pour lesquels le délai d'enregistrement ne serait pas encore expiré, et dont il pourra énoncer la date dans les actes postérieurs, avec la mention que les dits actes seront présentés à l'enregistrement en même temps que celui qui contient la dite mention ; mais dans aucun cas, l'enregistrement du second acte ne pourra avoir lieu avant celui du premier, sous peine de dix francs d'amende.

4° Les testaments, dont les notaires pourront délivrer des expéditions, du vivant du testateur, sans les avoir fait enregistrer.

Art. 42. Aucun notaire, greffier, huissier, secrétaire d'administration ou autre officier public ne pourra faire ou rédiger un acte, en vertu d'un autre acte passé, soit en pays étranger, soit en France, soit dans les colonies françaises, en quelque forme que soit cet acte, en faire aucune mention, le recevoir en dépôt, ni en délivrer extrait, copie ou expédition, s'il n'a été préalablement enregistré, à peine de dix francs d'amende et d'être personnellement tenu des droits, sauf les exceptions mentionnées dans l'article précédent.

Néanmoins les actes publics passés dans la colonie pourront contenir mention des actes ci-dessus désignés et dont les parties voudraient faire usage, mais dans ce cas, chacun de ces actes demeurera joint à celui dans lequel il sera mentionné, et les officiers publics seront tenus d'acquitter tous les droits des actes annexés en même temps que ceux de l'acte principal, et sous les mêmes peines.

Sont exceptés : 1° Les testaments et les inventaires dans lesquels on peut énoncer des actes non enregistrés, sauf, si ces actes devaient être enregistrés dans un délai déterminé, à poursuivre le recouvrement des droits contre les parties ;

2° Les liquidations et partages, dans lesquels on pourra énoncer des actes non-soumis à la formalité dans un délai déterminé ; cependant, si toutes les parties présentes à l'acte étaient les mêmes que celles qui ont figuré dans l'acte énoncé, les droits d'enregistrement de ce dernier seraient également perçus ;

3° Les comptes de tutelle, dans lesquels pourront être mentionnés les actes non enregistrés remis par le tuteur à son pupille, sauf l'action des préposés pour les actes qui seraient soumis à l'enregistrement dans un délai déterminé ;

4° Les déclarations affirmatives des tiers saisis, les dépôts de titres et pièces par le débiteur pour être admis au bénéfice de cession, les vérifications et affirmations de créances en matière de faillites, et les productions dans les contributions de deniers mobiliers, qui pourront être faits et reçus sans que les actes y annexés ou énoncés aient été enregistrés, sauf la perception du droit exigible pour le concordat ou celui de l'obligation préexistante, s'il est rendu un jugement de condamnation ; sauf aussi la réclamation des droits contre les parties s'il s'agissait d'actes de mutation de propriété, d'usufruit ou de jouissance d'immeubles.

Dans tous les cas, l'exception portée aux numéros précédents sera sans effet pour tout autre usage qui pourrait être fait des mêmes actes sous signature privée.

5° Les protêts, qui pourront être aussi faits avant que les effets négociables y énoncés aient été enregistrés, mais sans que cette exception s'applique aux exploits d'assignation.

Art. 43. — Il est également défendu, sous la même peine de dix francs d'amende, à tout notaire ou greffier, de recevoir aucun acte en dépôt, sans dresser acte de ce dépôt.

Sont exceptés les testaments déposés chez les notaires par les testateurs eux-mêmes, ou par ordonnance constatant la remise du testament par le Président au notaire, et les titres des créanciers déposés au greffe pour la vérification des créances en matière de faillites. Les officiers publics ne seront plus tenus aux déclarations préalables à des ventes de meubles.

Art. 44. Il sera fait mention, dans toutes les expéditions, copies ou extraits des actes publics, civils ou judiciaires, de la quittance des droits, par une transcription littérale et entière de cette quittance.

Pareille mention sera faite dans les minutes des actes publics, civils, judiciaires ou extrajudiciaires qui contiendront l'énonciation d'actes publics, sous signature privée, ou passés ailleurs que dans la colonie, et qui sont soumis à l'enregistrement par le présent.

Chaque contravention sera punie d'une amende de cinq francs, indépendamment de la perception provisoire du droit, qui sera effectuée par le receveur.

Art. 45. Dans le cas de fausse mention d'enregistrement, soit dans une minute, soit dans une expédition, le délinquant sera poursuivi par le ministère public, sur la dénonciation du préposé de l'enregistrement, et condamné aux peines prononcées pour le faux.

Art. 46. Lorsque des actes ou procès-verbaux ne pourront se terminer dans la séance, les officiers publics qui les rédigeront indiqueront l'heure du commencement et celle de l'interruption par une mention qui sera signée par toutes les parties et par eux, sous peine de dix francs d'amende ; le procès-verbal de chaque séance sera enregistré dans les délais fixés par le titre III. Chaque vacation sera calculée à raison de trois heures au moins et quatre heures au plus sur la réunion de toutes les heures du procès-verbal de la même journée.

Art. 47. Il est défendu aux juges et arbitres de rendre aucun jugement, aux administrations et établissements publics de faire aucun des actes désignés dans l'article 7 du présent arrêté sur des actes non enregistrés et susceptibles de l'être, à peine d'être personnellement responsables des droits.

Les tribunaux devant lesquels sont produits des actes non enregistrés doivent, sur les réquisitions du ministère public, soit même d'office, ordonner le dépôt au greffe de ces actes pour être immédiatement soumis à la formalité de l'enregistrement.

Il est donné acte au ministère public de ces réquisitions.

Néanmoins, dans le cas d'urgence, il est permis aux dits juges de poursuivre l'instruction des affaires et même de rendre des jugements définitifs avant que les actes et jugements susceptibles d'enregistrement dans un délai déterminé aient subi cette formalité, à la charge seulement de constater l'urgence dans leurs jugements.

Il est aussi permis aux juges dans les tribunaux autres que ceux de Nouméa, de rendre des jugements sur des procès-verbaux et actes non enregistrés et faits à la requête des parties ou du ministère public, sauf à annexer aux jugements toutes pièces non enregistrées, en déclarant qu'elles seront soumises à la formalité de l'enregistrement en même temps que les jugements.

La même faculté de rendre des jugements en vertu de pièces non enregistrées est accordée aux tribunaux de Nouméa, mais seulement pour les actes et procès-verbaux dressés par les gendarmes et tous agents de la force publique.

Les juges, les arbitres, les secrétaires des administrations et les autres fonctionnaires publics sont également autorisés à faire mention des actes sous signature privée dont les parties voudraient faire usage, à la charge d'imposer aux parties l'obligation d'en acquitter tous les droits en même temps que ceux du jugement ou de l'acte administratif, lequel énoncera que l'acte sous signature privée a été remis à cet effet au greffier ou secrétaire, et paraphé par lui à l'instant, pour être présenté au receveur avec l'acte principal.

Art. 48. Lorsqu'il aura été rendu un jugement portant condamnation à l'amende ou prononçant toute autre peine pécuniaire au profit du trésor public, le greffier du tribunal devra, dans les délais ci-après à partir du prononcé du jugement, en remettre extrait au receveur de l'enregistrement chargé du recouvrement, à peine d'une amende de cinq francs par chaque contravention.

Ces délais seront de :

Vingt jours pour les greffiers de Nouméa ; quarante jours dans le reste de la colonie, sauf les îles Loyalty, pour lesquelles le délai sera de deux mois.

Art. 49. Les notaires, greffiers, huissiers, commissaires-priseurs ou tous autres officiers légalement autorisés à faire des ventes mobilières, et les secrétaires des administrations publiques tiendront des répertoires à colonnes sur lesquelles ils inscriront, jour par jour, sans blanc, interlignes, omissions, intercalations ni transpositions, et par ordre de numéros, tous les actes de leur ministère soumis à l'enregistrement, savoir :

1° *Les notaires*, tous les actes et contrats qu'ils recevront, même ceux qui sont passés en brevet, ainsi que les copies collationnées et extraits par eux délivrés sur pièces représentées et rendues ; les testaments et autres dispositions a cause de mort, soit qu'il aient été passés devant eux et du vivant des testateurs, soit qu'étant olographes, ils leur aient été remis en dépôt par le juge.

Sont exceptés les états estimatifs de mobilier et tous les autres états ou plans non signés antérieurement par les parties et annexés aux actes principaux ;

2° *Les huissiers, commissaires priseurs et autres officiers publics procédant à des ventes mobilières*, tous les actes et exploits par eux faits, même les actes pour lesquels la formalité doit avoir lieu en débet ou gratis;

3° *Les greffiers*, tous les actes et jugements soumis à l'enregistrement dans les délais prescrits par l'article 24 ci-dessus et les procès-verbaux d'ordre et de contribution;

4° *Les secrétaires des administrations et établissements publics*, les actes soumis à l'enregistrement par l'article 7.

Chaque contravention aux dispositions précédentes donnera lieu à une amende de 5 francs.

Les procès-verbaux qui ne pourront être terminés dans la même journée, seront inscrits à leur première date, et il sera fait mention, en marge de cette inscription, des dates subséquentes et de leur enregistrement, à peine de 5 francs d'amende par chaque omission.

Art. 50. Le répertoire sera établi conformément aux dispositions ci-après. Il indiquera, pour chaque article : 1° le numéro d'ordre ; 2° la date de l'acte; 3° sa nature; 4° les noms et prénoms des parties et leur domicile; 5° l'indication des biens, leur situation et le prix, lorsqu'il s'agira d'actes qui auront pour objet la propriété, l'usufruit ou la jouissance de biens immeubles ou de biens meubles autres que les ventes en détail; 6° la relation de l'enregistrement ou la mention du récépissé dans les cas autorisés.

A l'égard des testaments inscrits du vivant des testateurs, les indications prescrites pour les colonnes 5 et 6 ne sont pas obligatoires.

Ces répertoires seront cotés et parafés, savoir :

Ceux des notaires, par le président du tribunal de première instance du ressort; ceux des huissiers et greffiers des justices de paix, par le juge de paix de leur résidence ; ceux des huissiers et greffiers des tribunaux, par le président du tribunal auquel ils sont attachés, et ceux des secrétaires des administrations publiques, par le fonctionnaire chef de cette administration.

Ait. 51. Les officiers publics dénommés en l'article 49 et résidant à Nouméa présenteront, tous les trois mois, leur répertoire au visa du receveur de l'enregistrement. Cette présentation aura lieu, chaque année, dans les dix premiers jours de chacun des mois de janvier, avril, juillet et octobre, à peine d'une amende de 5 francs par chaque contravention, lors même qu'il n'aurait été reçu aucun acte pendant le trimestre précédent. Cette présentation sera constatée, à la date courante, dans une case particulière du registre destiné à l'enregistrement des actes de ces différents officiers publics. La mention de cette présentation indiquera le nombre des actes passés, reçus ou faits depuis le dernier visa, les omissions, doubles emplois, renvois, intercalations et ratures, ainsi que la date des procès-verbaux, s'il en a été rapporté. Les mêmes mentions seront faites dans le certificat du visa apposé au bas du dernier article inscrit au répertoire, avec indication du folio et de la case de l'enregistrement.

Les officiers publics et autres ne résidant pas à Nouméa, sont dispensés de ces dépôts trimestriels.

Art. 52. Indépendamment des prescriptions édictées ci-dessus, les officiers publics seront tenus de communiquer leurs répertoires, à toute réquisition, aux préposés de l'enregistrement qui se présenteront chez eux pour y faire des recherches.

En cas de refus, le préposé de l'enregistrement requerra l'assistance du maire ou de son adjoint, ou à défaut, de l'officier de l'état-civil de la localité, pour en dresser procès-verbal ; et l'officier public sera passible d'une amende de 10 francs.

Art. 53. Les dépositaires des registres de l'état-civil ou des rôles des contributions, et tous autres fonctionnaires chargés des archives et dépôts des titres publics, le dépôt des archives du Gouvernement excepté, seront tenus de les communiquer, sans déplacement, aux préposés de l'enregistrement, à toute réquisition, et de leur laisser prendre sans frais les renseignements, extraits et copies qui leur seront nécessaires à raison de leurs fonctions, à peine de 10 francs d'amende en cas de refus, lequel sera constaté comme il est dit à l'article précédent.

Ces dispositions s'appliquent aux officiers publics dénommés dans l'article 49 pour les actes dont ils sont dépositaires en leurs dites qualités.

Sont exceptés les testaments, mais seulement pendant la vie des testateurs.

Les communications ci-dessus autorisées ne pourront avoir pour objet, de la part des préposés, que de s'assurer, dans un intérêt d'ordre public, de l'exécution des lois et réglements. Elles ne pourront être exigées les dimanches et jours de fête légales, et les séances ne pourront durer plus de quatre heures.

Art. 54. Dans les deux premiers mois de chaque année, les notaires, les greffiers-notaires des justices de paix de l'intérieur, les commissaires-priseurs et les huissiers autres que ceux du chef-lieu, seront tenus de déposer, au greffe du tribunal de première instance de Nouméa, un double par eux certifié, du répertoire des actes par eux reçus pendant le cours de l'année précédente, à peine d'une amende de 10 francs par chaque mois de retard, laquelle sera encourue le premier jour de chacun de ces mois, pour le premier de ces dépôts annuels, avoir lieu avant le 1er mars 1887.

.En conséquence, le 1er mars de chaque année, à dater de l'époque ci-dessus, le receveur de l'enregistrement constatera, par un procès-verbal qui sera transmis au procureur de la République, quels sont les officiers publics ou autres en retard de satisfaire à cette obligation, sous peine d'être personnellement responsable des contraventions non constatées par lui. Le procureur de la République lui donnera récépissé de son procès-verbal et sera chargé de poursuivre la condamnation et de faire exécuter le dépôt.

Art. 55. Les receveurs de l'enregistrement ne pourront sous aucun prétexte, et lors même qu'il y aurait lieu à expertise, différer l'enregistrement des actes et mutations dont les droits auront été payés au taux réglé par le présnt arrêté, pourvu toutefois que les mercuriales ou parères leur aient été fournis, et qu'il ait été satisfait aux déclarations prescrtes par l'article 21 dans le cas où ils peuvent être exigés.

Ils ne pourront non plus suspendre ni arrêter le cours

des procédures, en retenant des actes ou exploits; cependant, si un exploit ou un acte dont il n'y a pas de minute contient des renseignements dont la trace puisse être utile pour la découverte des droits dus, le receveur aura la faculté d'en tirer copie et de la faire certifier conforme à l'original par l'officier public qui l'aura présenté à l'enregistrement.

En cas de refus, il pourra conserver l'acte pendant vingt-quatre heures seulement, pour s'en procurer une collation en forme à ses frais, sauf répétition, s'il y a lieu. Ces dispositions sont applicables aux actes sous signatures privées qui seront présentés à l'enregistrement.

Art. 56. Les doubles minutes ou duplicata d'actes qui seront présentés à la formalité en même temps que les minutes ou primata ne supporteront aucun droit supplémentaire. Mais, lorsque le receveur sera requis, postérieurement à la formalité, de constater la mention d'enregistrement sur ces duplicata ou doubles minutes, les droits de recherches ci-après fixés seront exigibles.

Art. 57. Les receveurs ne pourront délivrer d'extraits de leurs registres que sur une ordonnance du juge de paix, lorsque ces extraits ne seront pas demandés par quelqu'une des parties contractantes ou par leurs ayants-cause.

Il leur sera payé 2 francs par recherche de chaque année et 2 francs par rôle de chaque extrait.

Ils ne pourront rien exiger au-delà. Le rôle devra être de vingt-cinq lignes à la page et de dix-huit à vingt-deux syllabes à la ligne.

Art. 58. Le bureau de l'enregistrement sera ouvert au public tous les jours, de huit à dix heures du matin, et de midi à quatre heures du soir, excepté les dimanches et jours de fêtes légales.

Les heures de séance seront affichées à la porte du bureau.

Les registres de formalité seront arrêtés chaque jour, à l'instant où le bureau est fermé au public ou, au plus tard, le lendemain matin avant l'ouverture du bureau.

L'arrêté sera mis dans la case ou l'espace qui suivra immédiatement le dernier enregistrement ou le dernier arrêté, sans qu'il puisse en être mis plus d'un dans la même case ni sur la même ligne pour les registres non distribués en case; chaque arrêté sera écrit de la main du receveur et signé par lui les dimanches et jours de fêtes légales y seront désignés, indépendamment de la date.

Art. 59. Aucune autorité administrative ou judiciaire ne pourra accorder de remise ni modération des droits ni des peines déterminées par le présent arrêté, ni suspendre le recouvrement des sommes dues, sans en devenir personnellement responsable.

TITRE VIII

DES DROITS ACQUIS ET DES PRESCRIPTIONS.

Art. 60. Tout droit d'enregistrement perçu régulièrement en conformité du présent arrêté, ne pourra être restitué, quels que soient les évènements ultérieurs.

Néanmoins, lorsque des jugements sont infirmés ou annulés par suite d'opposition ou d'appel, les droits proportionnels perçus lors de leur enregistrement sur les dispositions qu'ils renferment et qui disparaissent par l'infirmation ou l'annulation, sont restitués aux parties ayant fait l'avance de ces droits, sous la retenue du droit fixe.

Art. 61. Il y a prescription pour la demande des droits, savoir :

1° Après un an, à compter du jour de l'enregistrement du contrat, pour la demande en expertise des biens vendus et dont le prix paraîtrait inférieur à la valeur vénale.

2° Après deux années, à compter du jour de l'enregistrement, s'il s'agit d'un droit non perçu sur une disposition particulière dans un acte, ou d'un supplément de perception insuffisamment faite, ou d'une fausse évaluation de revenu ou des dettes et charges dans un acte de transmission entre-vifs, ou s'il s'agit d'une demande en expertise pour constater la valeur du revenu.

La même prescription s'applique aux droits des actes et aux contraventions que les préposés auront été à portée de découvrir par des actes présentés à l'enregistrement, et qui les auraient mis dans le cas de former la demande des droits ou amendes, sans qu'il fût besoin de recherches ultérieures.

Toutefois, si avant que la prescription fût acquise, ou depuis qu'elle l'aurait été, les actes étaient énoncés dans un acte postérieur, il y aura lieu à une nouvelle action en paiement des droits, laquelle ne se prescrira que par un autre délai de deux ans, à dater du nouvel acte.

Après le même délai de deux ans, toute demande par les parties en restitution de droits perçus sera également non recevable.

Dans tous les cas, lorsqu'il s'agira d'une perception provisoire ou soumise à une condition exprimée dans l'acte, le délai de deux ans ne commencera à courir que du jour où les préposés ou les parties auront été à même d'agir.

Les prescriptions ci-dessus seront suspendues par des demandes administratives ou judiciaires signifiées et visées, ou enregistrées avant l'expiration des délais ; mais les demandes ne profiteront qu'aux parties qui les auront formées, et les prescriptions seront irrévocablement acquises si les poursuites extrajudiciaires commencées sont interrompues pendant une année, sans qu'il y ait eu d'instance devant les juges compétents, quand même le premier délai pour la prescription ne serait pas expiré.

Dans tous les délais fixés par le présent article pour la prescription, le jour de la date de l'acte pour les actes non enregistrés, celui de l'enregistrement ou celui de la déclaration ne sera point compté. Si le dernier jour du délai se trouve être un dimanche ou un jour de fête légale, ce jour ne sera point compté non plus

Art. 62. L'action de l'administration pour le paiement des droits et amendes se prescrit par trente ans révolus, à partir de la date des actes, pour ceux en forme authentique ; à partir du décès des testateurs, pour les testaments, et à l'égard des actes sous seing privé, du jour où ces actes auront acquis date certaine ; toutefois les droits ordinaires seront perçus lorsqu'il y aura lieu de soumettre les actes à la formalité, quelle que soit leur date.

Les receveurs pourront être rendus responsables des droits et amendes qui seraient prescrits par leur négligence.

TITRE IX

DES POURSUITES ET INSTANCES

Art. 63. La solution des difficultés qui pourront s'élever relativement à la perception des droits d'enregistrement, avant l'introduction des instances, appartiendra au Gouverneur en Conseil privé, conformément aux décrets organiques, sans préjudice du recours des parties devant les tribunaux ordinaires.

Art. 64. La procédure à suivre en matière d'enregistrement sera la procédure ordinaire, telle qu'elle résulte du déret sur l'organisation de la justice en Nouvelle-Calédonie.

Art. 65. Les jugements seront susceptibles d'appel dans les conditions prévues pour les affaires de droit commun.

Art. 66. Les frais de poursuite payés par les préposés de l'enregistrement pour des articles tombés en non-valeur pour cause d'insolvabilité constatée des parties condamnées, leur seront remboursés sur l'état qu'ils en rapporteront à l'appui de leur comptes.

L'état, accompagné des pièces justificatives, sera taxé sans frais par le tribunal qui aura connu de l'affaire.

TITRE III

DE LA FIXATION DES DROITS

Art. 67. Les droits à percevoir pour l'enregistrement des actes et mutations sont et demeurent fixés aux taux et quotités établis par les articles 68 et 69 suivants.

Droits fixes

Art. 68. Les actes compris sous cet article seront enregistrés et les droits payés ainsi qu'il suit :

1°

ACTES CIVILS

En matière civile, il n'existe qu'un seul droit fixe. Ce droit est établi à deux francs.

Les mutations de navire à titre onéreux y sont soumises, ainsi que les affectations hypotécaires des navires.

Il en est de même des testaments et autres actes de libéralité à cause de mort.

II°

ACTES JUDICIAIRES

Les droits fixes à percevoir sur les jugements, actes de juges, procès-verbaux, enquêtes, certificats et généralement toutes pièces émanant des tribunaux et des greffes sont fixés ainsi qu'il suit :

En matière de justice de paix, ainsi qu'en simple police, en police correctionnelle et en matière d'appel correctionnel, Un franc, sauf dans le cas de jugements de paix rendus hors compétence.

En matière de tribunaux civils, de commerce et de sentences arbitrales: Trois francs.

Ce droit est egalement applicable aux jugements de paix rendus hors compétence.

En matière d'appel de jugements civils et de commerce ou d'arbitrage: Cinq francs.

III

ACTES EXTRAJUDICIAIRES

Les droits fixes à percevoir sur les exploits, les procès-verbaux et autres actes extrajudiciaires, sont fixés ainsi qu'il suit :

Les protêts et les exploits ou autres actes relatifs à des procédures, devant la justice de paix, les Tribunaux de simple police ou de police correctionnelle jusques et compris les significations de jugements: *Un franc.*

Les exploits et autres actes relatifs aux procédures devant les tribunaux civils, de commerce ou d'arbitrage, devant le conseil du contentieux administratif et en général devant tous les tribunaux autres que ceux spécifiés au paragraphe précédent et au paragraphe qui suit ainsi que tous les autres exploits ou actes extrajudiciaires, procès-verbaux de constat ou de contravention: *Deux francs.*

Les exploits et autres actes extrajudiciaires relatifs à des procédures devant le Tribunal supérieur jugeant au civil, au commerce ou en matière d'arbitrage jusques et compris les significations d'arrêt : *Trois francs.*

Il sera dû un droit par chaque demandeur ou défendeur en quelque nombre qu'ils soient dans le même acte, excepté les co-propriétaires ou co-héritiers, les parents reunis, les co-intéressés, les débiteurs ou créanciers associés ou solidaires, les sequestres, les experts et les témoins qui ne sont comptés que pour une seule et même personne, soit en demandant, soit en défendant, dans le même original d'acte, lorsque leurs qualités y sont exprimées.

Cette règle est spéciale aux actes extra-judiciaires.

Pour tous les actes, soit civils, soit judiciaires, soit extrajudicaires, qui sont soumis aux droits fixes et qui se rédigent par vacations, il sera dû un droit pour chaque vacation, sauf pour les actes d'affirmation et de vérification de créances en matière de faillites et pour les procès-verbaux de sauvetage de navires naufragés et les déclarations des capitaines de navires dressées par les officiers de la marine. Dans ces cas, la première vacation sera seule enregistrée au comptant et les autres vacations suivantes seront enregistrées gratis.

Quand un acte sera refait pour cause de nullité ou autre motif sans aucun changement qui ajoute aux objets des conventions ou à leur valeur, et que les droits exigibles sur le premier acte auront été perçus, il ne sera exigé qu'un droit fixe sur l'acte ainsi refait.

Toutes les dispositions ci-dessus relatives aux droits fixes ne préjudicient d'ailleurs pas à celles prévues par l'article 10 du présent arrêté.

Droits proportionnels

Art. 69. Les actes et mutations compris sous cet article seront enregistrés et les droits en seront payés suivant les quotités ci-après savoir :

I

DIX CENTIMES PAR CENT FRANCS

Les baux à ferme ou à loyer de biens meubles et immeubles, même de ceux appartenant à l'Etat, ceux de paturage et nourriture d'animaux, les baux à cheptel et reconnaissance de bestiaux, (*les droits de ces derniers baux sont perçus sur le prix exprimé dans les actes ou, à défaut, d'après l'évaluation qui sera faite du bétail*): les baux ou conventions pour nourriture de personnes, pourvu que la durée de tous ces baux soit limitée, les sous, baux, subrogations, cessions, rétrocessions et résiliations de baux. *Le droit sera perçu et liquidé sur les années restant à courir et d'après les mêmes bases que les baux* ;

Les cautionnements de baux de toute nature à durée limitée et les cautionnements de comptables envers l'Etat ou la colonie ;

Les concessions temporaires, inférieures à trente ans, de terrains pour inhumation dans les cimetières ;

Les pensions alimentaires de sommes déterminées ou l'abandon par les enfants à leurs ascendants, de jouissance d'immeubles pour en tenir lieu ;

Les ventes publiques de marchandises *en gros, pourvu que le lieu de la vente et la quotité des lots aient été fixés par les Tribunaux.*

II

VINGT CINQ CENTIMES PAR CENT FRANCS

Les abandonnements pour fait d'assurance ou de grosse aventure en temps de guerre. Le droit est perçu sur la valeur des objets abandonnés ;

Les acceptilations ou remises de dettes ;

Les actes et contrats d'assurance en temps de guerre. Le droit est perçu sur la valeur de la prime ;

Les arrêtés de compte desquels il résulte libération, sans préjudice de ce qui a été dit à l'article 16, paragraphe 4 ci-dessus ;

Les atermoiements entre débiteurs et créanciers, quand les débiteurs ne sont pas en faillite. Dans ce dernier cas, le droit fixe est seul exigible ; quand le droit proportionnel est dû, il se perçoit sur les sommes que les débiteurs s'obligent de payer.

Les billets à ordre, les lettres de change, les cessions d'actions et coupons d'actions, les actions mobilières des compagnies et sociétés d'actionnaires et tous autres effets négociables de particuliers ou de compagnies et les billets au porteur.

Les cautionnements de sommes ou d'objets mobiliers, les garanties mobilières et indemnités de même nature. *Le droit est perçu indépendamment de celui de la disposition que le cautionnement, la garantie, le gage ou l'indemnité aura pour objet et sur le même capital, sans pouvoir excéder le droit principal :*

Les cautionnements de se représenter ou de représenter un tiers en cas de mise en liberté provisoire, ou en vertu d'un sauf-conduit, dans les cas prévus par les Codes.

Les exécutoires de dépens ;

Les jugements contradictoires ou par défaut portant attribution, collocation, condamnation ou liquidation de sommes ou valeurs, intérêts et dépens, entre particuliers, excepté les dommages-intérêts ;

Les obligations à la grosse aventure ou pour retour de voyage ;

Les ordres et distributions de deniers mobiliers ou immobiliers, quelle que soit leur forme sans préjudice du droit d'obligation ou de transport, s'il y a lieu ;

Les quittances, remboursements, rachats de rentes et redevances de toute natures, actes portant libération, sans que cette libération ait pour cause une libéralité ou le prix de transmission de meubles et d'immeubles non enregistrés, auxquels cas il serait dû les droits dont ces diverses stipulations sont passibles d'après les différents paragraphes de cet article ;

Les quittances résultant de dépôts et consignations de sommes et effets mobiliers chez des officiers publics lorsque ces dépôts opèrent la libération des déposants. Dans le cas contraire, le droit fixe est dû, ainsi que lorsqu'il s'agit des décharges données par les déposants ou leur héritiers lorsque la remise des objets déposés leur est faite ;

Les quittances de répartition en matière de faillites sont par exception soumises au droit fixe.

Les retraits de réméré présentés à l'enregistrement avant l'expiration des délais ;

Les retraits successoraux et ceux de droits litigieux, dans le cas où le cessionnaire peut y être contraint par la loi.

Les subrogations légales résultant du paiement par un créancier à un autre créancier qui le prime.

Les ventes de marchandises neuves garnissant les fonds de commerce, pourvu qu'elles soient désignées article par article dans le contrat ou la déclaration et qu'un prix particulier soit stipulé pour elles ;

Les ventes aux enchères publiques de meubles et marchandises qui son faites après faillites et les ventes aux enchères de marchandises neuves avec autorisation de justice :

Les warants ou bulletins de gage délivrés par les administrations des magasins généraux et endossés séparément des récépissés avec lesquels ils ont été délivrés.

III

CINQUANTE CENTIMES PAR CENT FRANCS

Les abandonnements pour faits d'assurance ou grosse aventure en temps de paix. *Le droit est perçu sur la valeur des objets abandonnés*;

Les actes et contrats d'assurance en temps de paix. *Le droit est perçu sur la valeur de la prime*;

Les arrêtés de compte desquels il résulte obligation, sauf ce qui est dit à l'article 16 § 4 ci-dessus ;

Les cessions de créances à terme ou de droit mobiliers incorporels ;

Les cessions ou mutations ayant pour objet des mines entières ou parts de mines ou intérêts miniers quelconques, même lorsque les mines sont constituées en sociétés ;

Les délégations de créances à terme et celles de prix stipulés dans un contrat pour acquitter des créances à terme envers un tiers, sans énonciation de titres enregistrés ;

Les dépôts de sommes chez les particuliers :

Les donations entre-vifs en ligne directe, indépendamment du droit à percevoir sur les soultes et retours ; le droit est réduit de moitié lorsque ces donations ont lieu par contrat de mariage ;

Les échanges de meubles, sans préjudice du droit de soulte ou de retour ;

Les marchés sans exception, et le louage d'ouvrage et d'industrie ;

Les obligations de sommes, celles d'intérêts ou d'arrérages. même en vertu de titres enregistrés, et tous autres actes qui contiennent obligation de sommes sans libéralité et sans que l'obligation soit le prix d'une transmission de meubles ou d'immeubles non enregistrée ;

Les ouvertures de crédit réalisées, étant entendu que les ouvertures de crédits non réalisées ne supporteront que le droit fixe. *Le droit proportionnel est perçu sur la somme comptée, au fur et à mesure des réalisations constatées ;*

Les retours et soultes de partage relatifs à des créances ;

Les reconnaissances de prêts ;

Par exception, les connaissements ou reconnaissances de chargement par mer ou par lettres de voiture sont soumises au droit fixe ;

Les retraits de réméré de créances à terme et autres effectués après le délai fixé pour l'exercice du droit de réméré ;

Les subrogations conventionnelles et les substitutions de débiteurs.

IV

UN FRANC PAR CENT FRANCS.

Les antichrèses ou engagements de biens immeubles ;

Les baux des biens meubles à durée illimitée ;

Les cessions d'intérêts et de parts dans les compagnies ou sociétés dont le capital n'est pas divisé par actions, sauf ce qui est dit au sujet des mines, parts de mines et intérêts miniers, au paragraphe III ci-dessus ;

Les cessions de marchés pour entreprise avec livraison de fournitures ;

Les cessions, transports et délégations de rentes de toute nature ainsi que les constitutions de rentes à titre onéreux ;

Les dommages-intérêts ;

Les donations entre vifs entre époux avec réduction de moitié lorsque ces donations seront faites par contrat de mariage ;

Les échanges d'immeubles, sans soulte ni retour ;

Les déclarations ou élections de command, d'ami ou de prête-nom sur adjudication ou contrat de vente de biens meubles, lorsque la déclaration est faite plus de trois jours francs avant la vente, ou sans que la faculté d'élire command ait été réservée. Si cette déclaration est faite dans les délais et en vertu d'une clause insérée dans l'acte, le droit fixe est seul exigible ;

Les mutations de fonds de commerce et de clientèle, y compris la cession du droit de bail ;

Les soultes et retours de partage de meubles ;

Les retraits de réméré des biens meubles après délai ;

Les transmissions de charge ou d'office à titre onéreux ;

Les ventes de meubles, même à réméré.

V

DEUX FRANCS PAR CENT FRANCS

Les baux d'immeubles à durée illimitée ou emphytéotiques, leurs cessions, transports et résiliations ;

Les concessions trentenaires ou à perpétuité pour inhumations dans les cimetières ;

Les déclarations de remploi des valeurs dotales de la femme qui ont pour objet des immeubles propres au mari, ou des immeubles de communauté lorsque la femme y a renoncé ;

Les déclarations ou élections de command, d'ami ou de prête-nom sur adjudication ou contrat de vente d'immeubles, lorsque ces déclarations sont faites trois jours francs après la vente ou sans que la faculté d'élire command ait été reservée. Dans le cas contraire, le droit fixe est exigible. La même règle est applicable aux déclarations passées au greffe par les défenseurs en matière de ventes judiciaires.

Les donations entre-vifs en ligne collatérale jusqu'au douzième degré inclusivement ;

Les retraits de réméré d'immeubles après l'expiration des délais ;

Les traités portant fixation d'indemnité ou de redevance à payer au propriétaire du fonds pour l'exploitation d'une mine jusqu'à épuisement ;

Les résolutions et résiliations de contrats translatifs de propriété ou d'usufruit de biens immeubles, à l'exception de celles prononcées par les tribunaux pour cause de nullité radicale, pour lésion d'outre-moitié, dans les formes et délais prescrits par la loi et pour défaut de paiement de prix lorsque l'acquéreur n'aura payé aucun à-compte et qu'il ne sera pas encore entré en jouissance, les résolutions et résiliations de cette nature ne devant supporter que le droit fixe ;

Les ventes immobilières, même sous réserve de réméré, et les soultes de partage et d'échange en matière immobilière. Néanmoins, les actes administratifs de concession ou de prise de possession de mines ne supporteront que le droit fixe;

Le droit fixe sera également exigible sur les adjudications à la folle enchère, lorsque le prix n'est pas supérieur à celui de la précédente adjudication, si elle a été enregistrée.

VI

QUATRE FRANCS PAR CENT FRARCS.

Les donations entre-vifs entre personnes non parentes.

TITRE XI

DES ACTES QUI DOIVENT ÊTRE ENREGISTRÉS EN DÉBET OU GRATIS, ET DE CEUX EXEMPTS DE CETTE FORMALITÉ

Art. 70. Seront soumis à la formalité de l'enregistrement, et enregistrés en débet ou gratis, ou exempts de cette formalité, les actes ci-après, savoir :

§ 1er A ENREGISTRER EN DÉBET

1° Les actes et procès-verbaux des juges de paix, des greffiers, des officiers, commissaires et agents de police, ainsi que des huissiers et des gendarmes, en matière de police correctionnelle;

2° Les exploits, les actes d'appel et ceux de recours en cassation par les prévenus en mêmes matières, mais seulement lorsqu'ils sont emprisonnés ;

3° Les actes et procès-verbaux constatant des délits en matière de grande voirie ;

4° Ceux de gardes établis par l'autorité publique relatifs à des délits ruraux et forestiers ;

5° Ceux relatifs à des contraventions aux ordonnances et réglements en matière de contributions directes, indirectes ou locales ;

6° Tous les actes faits à la requête du ministère public, agissant d'office en matière civile, ou dans l'intérêt des lois pour assurer leur exécution ;

Les jugements et arrêts qui interviennent sur ces actes et procès-verbaux ;

7° Les actes de la procédure faits à la requête de la partie admise au bénéfice de l'assistance judiciaire ; et les actes et titres par elle produits pour justifier de ses droits et qualités ; le tout dans les conditions établies par l'article 14 de la loi du 22 janvier 1851, et des arrêtés locaux sur la matière ;

8° Les procès-verbaux de contravention et les significations par les gardes du génie, ou d'artillerie en tenant lieu;

9° Les procès-verbaux d'apposition et de levée de scellés lorsque les juges de paix, ou les commissaires de la marine, agissent d'office après l'ouverture des successions échues à des héritiers absents et non représentés; les actes de tutelle faits d'office, relatifs à des mineurs qui n'ont ni tuteurs ni curateurs ; les actes concernant la nomination faite d'office d'un subrogé-tuteur, dans le cas prévu par l'article 421 du code civil;

10° Les jugements d'ouverture de faillite rendus d'office, les procès-verbaux d'apposition de scellés après faillite, lorsque les juges de paix agissent d'office, et les actes de dépôts qui peuvent être dressés des dits procès-verbaux;

11° Les inventaires faits par les juges de paix des effets ou titres actifs trouvés sur les personnes qui ont péri par mort violente ou présumée telle;

12° Les rapports faits par les capitaines de navire dans les cas prévus par les lois commerciales, et leur dépôt au greffe, lorsqu'il résulte des circonstances énoncées dans la déclaration que le capitaine est dans l'impossibilité absolue de payer les droits: ceux faits par les capitaines de navires capturés, dans les mêmes cas;

13° Les actes concernant les successions vacantes lorsque les curateurs justifieront n'avoir pas de fonds en caisse;

14° Les actes relatifs aux biens d'absents non représentés;

15° Les actes faits dans l'intérêt de l'Etat, des communes et des établissements publics;

Les droits d'enregistrement de ces actes, procès-verbaux et jugements seront compris dans la liquidation des dépens prononcés contre les parties condamnées lorsqu'il y aura lieu; et dans tous les cas le recouvrement en sera suivi par les Receveurs de l'Enregistrement, d'après les extraits qui leur en seront fournis à cet effet par les greffiers contre les condamnés, les héritiers, tuteurs, curateurs ou subrogés-tuteurs, les agents, commissaires ou syndics de faillite, les père, mère et époux des interdits, ou contre ceux à qui les dits actes auront profité ou dû profiter.

Mais dans aucun cas il ne pourra être délivré expédition, copie ou extrait de ceux désignés aux numéros 9, 10, 11 et 12, à l'exception de ceux [qui pourraient être requis par le minsitère public, sans qu'au préalable les droits dus au gouvernement n'aient été payés, et ce, sous les peines portées par l'article 55 du présent arrêté.

§ 2 A ENREGISTRER GRATIS.

1° Les acquisitions et échanges faits par le gouvernement, les partages de biens entre l'Etat et les particuliers, et tous actes faits à ce sujet, même les cessions faites au gouvernement pour se libérer de créances envers lui.

Toutefois, s'il y a soulte à payer par les particuliers, le droit proportionnel devient exigible sur le montant de cette soulte;

2° Les cahiers des charges, ainsi que tous les autres actes dont les droits seraient supportés par le gouvernement;

3° Les exploits, commandements, significations, sommations, établissements de garnisaires, saisies, saisies-arrêts et autres actes, tant en demande qu'en défense, ayant pour objet le recouvrement des contributions directes et indirectes, et de toutes autres sommes dues au Gouvernement, à quelque titre et pour quelque objet que ce soit, même des contributions locales; pour le paiement de mois de nourrices, frais d'éducation et de pensionnat, travaux de curage de canaux et rivières, lorsqu'il s'agira de cotes, droits ou créances excédant en total la somme de cent francs;

4° Les actes des huissiers, gendarmes et agents de police, en matière criminelle, autres que ceux faits à la requête des parties civiles;

5° Les actes et jugements dressés ou rendus à la requête du ministère public pour des rectifications ou pour réparation des omissions concernant les actes de l'état-civil; et ceux pour parvenir au mariage d'individus dont l'indigence notoire est constatée par l'autorité compétente.

6° Les notifications de plans et tous les actes de procédure relatifs aux terrains des places de guerre;

7° Les ventes des effets non réclamés des marins et passagers morts en mer, faites par les officiers de l'administration de la marine, lorsque le prix n'est pas supérieur à vingt-cinq francs;

Cette disposition s'applique tant aux bâtiments de l'Etat qu'à ceux du commerce et des armements en course, pourvu que les ventes soient faites d'office et non à la requête des particuliers, par des administrateurs et préposés de la marine;

8° Les actes de procédure et jugements devant les conseils de prud'hommes, (s'ils sont établis), lorsque l'objet de la contestation n'excédera pas 25 francs; les appels et pourvois de ces causes;

9° Les constitutions d'associations ouvrières et les prêts de l'Etat à ces associations;

10° Les avis de parents autorisant l'engagement de mineurs;

11° Les quittances et décharges données à la caisse des dépôts et consignations par les déposants et leurs héritiers ou créanciers, lorsque ces actes ne contiennent aucune clause particulière indépendante de la décharge, et étrangère à la caisse des dépôts et consignations;

12° Tous les actes généralement quelconques, concernant les acquisitions, dans les conditions déterminées par la loi, de terrains pour chemins vicinaux;

13° Les actes judiciaires pour la formation des listes des électeurs politiques, et de ceux des tribunaux de commerce;

14° Tous actes généralement quelconques concernant l'expropriation pour cause d'utilité publique;

15° Les inventaires sur feuilles volantes dressés par les agents des douanes;

16° Les actes judiciaires nécessités par les réclamations relatives à la formation des listes de jury, s'il est établi;

17° Les grandes lettres de naturalisation;

18° Les réclamations devant le conseil d'administration et les recours au conseil d'Etat en matière de contribution directe, personnelle et mobilière;

19° Les acquisitions d'immeubles en remplois de biens dotaux dont la femme a été expropriée pour cause d'utilité publique;

20° Les procès verbaux d'apposition et de levée de scellés sur les bureaux et les caisses de comptables publics;

21° Les prestations de serment des inspecteurs du travail des enfants dans les manufactures ou ateliers;

22° En cas d'omission d'enregistrement dans les délais des actes compris au présent paragraphe, il y a lieu aux mêmes amendes contre les personnes responsables, que pour les actes passibles du droit.

§ 3. EXEMPTS DE LA FORMALITÉ ET DU DROIT
D'ENREGISTREMENT

1° Les actes du Gouvernement.

2° Les actes d'administration publique non désignés dans l'article 7 du présent arrêté, et ceux devenus nuls par le refus d'approbation de l'autorité supérieure, ainsi qu'il est prévu par le numéro 5 de l'article 28, à la charge de faire mention de la décision sur l'acte, et à l'article du répertoire ;

3° Les inscriptions sur le grand-livre de la dette publique, leurs transferts et mutations à titre onéreux, les quittances des intérêts qui en sont payés, et généralement tous effets de la dette publique inscrits ou à inscrire définitivement ;

Mais, dans tous les cas où les effets de la dette publique ne formeront que le prix ou l'objet de conventions désignées dans les articles 68 et 69 précédents, ces conventions ou stipulations acquitteront les droits auxquels elles sont toutes formellement assujetties par le paragraphe de ces articles dans lequel elles se trouvent classées ;

4° Les actes de naissance, de mariage et de décès, et les extraits qui en sont délivrés, ainsi que tous autres actes de l'état civil ;

5° Les actes judiciaires dont le détail suit ;

Les actes de production de pièces faits sur le registre tenu au greffe à cet effet, et ceux faits sur le registre des contributions et des adjudications pour la distribution des deniers ;

Les ordonnances de fixation d'audience et de communiqué au ministère public, et les conclusions de ce dernier ;

La désignation des juges rapporteurs et les rapports par eux faits ;

Les cédules pour appeler au bureau de paix (sauf la signification), et les mentions de non comparution.

Les visas donnés sur les actes des huissiers par les magistrats civils et judiciaires, ainsi que par les secrétaires des administrations publiques et les greffiers dans tous les cas prescrits par la loi, et les visas exécutoires des contraintes pour le recouvrement des deniers de l'Etat ;

Les actes portés sur les registres de délibérations intérieures des cours et tribunaux, ainsi que sur les registres de délibérations des chambres de notaires, avoués, défenseurs et huissiers,autres que ceux qui contiendraient transmission de propriété, d'usufruit ou de jouissance de biens meubles et immeubles, ainsi que ceux portés sur les registres de dépôts désignés au n° 7 ;

Les actes de dépôt des registres de l'état civil ;

Tous les actes, procès-verbaux, jugements et arrêts en matière de police simple et de police correctionnelle, et en matière criminelle, autres que ceux nommément assujettis à la formalité par les dispositions du présent arrêté, et les procès-verbaux de contraventions à la police de roulage ;

Les décisions du juge sur le réglement des qualités des jugements ;

Les actes de notoriété et les procès-verbaux des juges de

paix pour constater les causes de la disparition des militaires et des marins, et le défaut de moyens d'existence de leurs veuves et orphelins ;

L'acte d'affirmation devant le juge de paix dans les cas prévus par le n° 8 de l'article 16 ci-dessus, ainsi que le pouvoir spécial exigé par l'article 36 ;

6° Les rescriptions, mandats et ordonnances de paiement sur les caisses publiques, leurs endossements et acquits ;

7° Les quittances des contributions, droits, créances et revenus payés à l'Etat ; celles pour charges locales, et celles des fonctionnaires et employés salariés par le Gouvernement pour leurs traitements et émoluments ;

Cette disposition ne s'applique pas aux quittances ou reconnaissances de dépôts faits dans les caisses publiques ;

8° Les quittances des fournisseurs, ouvriers, maîtres de pension et autres de même nature, produites comme pièces justificatives des comptes judiciaires et de ceux rendus à l'amiable ou devant notaires. Sont exceptées celles des honoraires des officiers publics, ainsi que leurs frais et avances.

9° Les ordonnances de décharge ou de réduction, remise ou modération d'impositions, les quittances y relatives, les recensements, les rôles des contributions et extraits d'iceux ;

10° Les récépissés délivrés aux percepteurs, collecteurs et receveurs des deniers publics et de contributions locales, et les comptes de recette ou gestion publique ;

11° Les légalisations de signatures d'officiers publics et des particuliers ;

12° Les affirmations de procès-verbaux des employés, gardes et agents salariés, faits dans l'exercice de leurs fonctions ;

13° Les certificats de vie délivrés aux rentiers et pensionnaires de l'Etat, et sur les fonds de retenue, ainsi que sur la liste civile, et pour toucher les traitements ou la pension de l'ordre de la légion d'honneur, lorsqu'ils sont produits au payeur, et non à une autorité administrative ou judiciaire ;

14° Les avals, endossements, acquits des lettres de change et des effets négociables, écrits sur ces actes ;

15° Les engagements, enrôlements, congés, certificats, cartouches, passe ports, quittances de prêt et fourniture, billets d'étapes, de subsistances et de logement, tant *pour le service de terre que pour le service de mer* ; et tous autres actes de l'une et l'autre administration non compris dans les articles précédents ;

Sont aussi exempts de la formalité de l'enregistrement, les rôles d'équipages et les engagements de matelots et gens de mer des bâtiments du commerce ;

16° Les cotes et paraphes des registres pour lesquels

la loi les ordonne ; les états et certificats d'inscription délivrés par les conservateurs des hypothèques ;

17° Les passe-ports délivrés par l'administration publique ;

18° Les commissions pour exercer les fonctions publiques ;

19° Les requêtes et pétitions aux autorités administratives ;

20° Les prestations de serment des administrateurs généraux, des commissaires et autres employés de l'Administration de la marine, des magistrats de l'ordre judiciaire, des assesseurs près les tribunaux de la colonie, des commissaires de police, des commis temporaires des contributions et des agents de la force publique, même lorsqu'ils sont appelés à remplir les fonctions d'huissier.

Celles des experts lorsqu'elles sont faites par le procès-verbal d'expertise ou de visite, ou dans le jugement même du juge ; et toutes les prestations de serment civiques ou militaires.

· 21° Les testaments dont toutes les dispositions se trouvent révoquées par des actes postérieurs ;

22° Les prestations de serment des médecins chargés d'agir en conformité de la loi sur les pensions civiles ;

23° Les procurations pour vendre des inscriptions de rente provenant de la conversion des livrets de la caisse d'épargne ;

24° Les actes de notoriété, certificats et autres pièces relatives aux caisses de la retraite pour la vieillesse ;

25° Les récépissés de cautionnements de comptables, versés en numéraires au Trésor ;

26° Les délibérations, actes de discipline ou d'ordre des Chambres des notaires, des commissaires-priseurs, des huissiers ;

27° Les déclarations de changement de domicile en vertu du Code civil ; .

28° Les lettres de convocation pour ordre amiable et les bulletins de chargement pour ces lettres ;

29° Les procès-verbaux de vérification de régie en matière d'enregistrement ;

30° Les procès-verbaux de visite de navires destinés au petit cabotage, et rapports des capitaines à l'arrivée ;

31° Les procès-verbaux de remise de vente de corpe de bois ;

32° Les procurations des militaires et sous-officiers en retraite pour toucher leur pension ;

33° Les procès-verbaux et décisions en matière de roulage ;

34° Les rapports en toute matière faits à l'audience ou dans la chambre du conseil par les juges commissaires ;

35° Le renouvellement de serment des avocats, avoués ou défenseurs ;

36° Tous actes intéressant les Sociétés de secours mutuels ;

37° Les ventes aux enchères de poissons de mer ;

38° Les mutations par décès, de toute espéce, et les mutations entre vifs, d'indigène à autre.

TITRE XII

DISPOSITIONS TRANSITOIRES

Art. 71. Tous actes faits antérieurement au jour de la mise à exécution du présent arrêté, qui devaient être soumis à l'enregistrement dans un délai déterminé, pourront être présentés à cette formalité dans les 3 mois du dit jour, en payant seulement les droits fixés par le tarif ci-dessus, sans pénalité.

Art. 72. Toutes dispositions antérieures sur l'enregistrement sont abrogées à partir du jour où le présent arrêté sera exécutoire.

Art. 73. Le Directeur de l'Intérieur et le chef du Service judiciaire sont chargés, chacun en ce qui le concerne, de l'exécution du présent arrêté, qui sera publié et enregistré partout où besoin sera.